AF254124

LETTRES

SUR

LES ÉLECTIONS

PARIS

IMPRIMERIE DE L. TINTERLIN ET Ce

rue Neuve-des-Bons-Enfants, 3

LETTRES

SUR

LES ÉLECTIONS

PAR

M. THÉODORE DURET

PARIS

E. DENTU, LIBRAIRE-ÉDITEUR

PALAIS-ROYAL, 13 ET 17, GALERIE D'ORLÉANS

1863

Tous droits réservés

LETTRES

SUR LES ÉLECTIONS

I

Le public, en France, semble se préoccuper tous les jours davantage des élections qui doivent avoir lieu prochainement ; et rien n'est plus naturel, car aucune question n'est aujourd'hui d'une aussi grande importance pour notre pays. Le moment me paraît donc opportun pour émettre quelques considérations générales sur les élections, pour rechercher dans quelles conditions elles devraient être faites, dans quel esprit les électeurs devraient voter pour le bien du pays.

Mais avant d'arriver à l'examen des faits particuliers qui peuvent dans le moment actuel influer sur le résultat des élections et décider dans quel sens elles doivent être faites, je crois utile d'appuyer tout d'abord sur le grand rôle que les Assemblées, produit de l'élection, sont appelées à jouer dans le gouvernement des sociétés modernes. C'est en faisant bien ressortir la part immense que prennent de nos jours les Assemblées dans la vie politique des nations, que l'on peut amener les électeurs à prêter au mouvement électoral le degré d'attention qu'il mérite.

Au commencement, à l'enfance des sociétés, on trouve partout l'ignorance et la simplicité. Il en est surtout ainsi en politique. Les besoins des sociétés sont peu nombreux et faciles à satisfaire. Les hommes agrégés en tribus ou réunis en villages sont gouvernés par des chefs, par des juges héritiers de la puissance patriarcale des pères de famille, dont les petites sociétés sur lesquelles ils président ne sont que l'extension. Mais à me-

sure que les sociétés s'accroissent et prennent de l'importance,
à mesure que la civilisation s'y développe, que les besoins y
deviennent plus nombreux, que les rapports des hommes et des
diverses classes d'hommes entre eux se compliquent et se mul-
tiplient, le pouvoir unique et paternel du chef de la tente ou de
la tribu cesse d'être efficace et devient insuffisant. Les hommes
veulent alors se gouverner plus ou moins par eux-mêmes et
exercer une action sur l'autorité appelée à les régir. A ce développement des sociétés et à ce progrès de la civilisation corres-
pond en politique un progrès égal, et c'est alors que des gouvernements plus savants, plus compliqués, mieux organisés,
succèdent au pouvoir simple et unique d'un chef absolu. C'est
ainsi que les grandes civilisations antiques, celles de la Grèce
et de l'Italie, ont successivement essayé les formes de gouvernement les plus diverses, et qu'Aristote, dans sa *Politique*, peut
en énumérer un nombre prodigieux.

Cependant il y a une chose en politique que l'antiquité n'a
jamais connue et qui a été une cause de faiblesse et de ruine
pour ses gouvernements lorsqu'ils se sont trouvés établis chez
de grands peuples ou qu'ils ont été amenés à étendre leur action
et leur autorité sur de vastes territoires : *c'est la représentation*.
Le gouvernement dans l'antiquité est toujours direct, qu'il soit
exercé par un sénat, un prince, un chef, ou par le peuple as-
semblé sur la place publique ; aussi, dans l'antiquité, les grands
Empires sont-ils tous despotiques ; les États libres, ceux où les
citoyens prennent part à la gestion des affaires publiques pour
les diriger ou les contrôler, ne sont-ils jamais que des villes.
Athènes et Rome sont des États libres se gouvernant eux-mêmes,
où les citoyens décident de la paix et de la guerre et font eux-
mêmes leurs propres affaires ; mais qu'Athènes et Rome se fassent
conquérantes et étendent leur domination sur des villes ou des
territoires voisins, et l'Empire qu'Athènes et Rome vont former
sera despotique, les relations qui s'établiront et subsisteront
entre Athènes et Rome et le pays *extra muros*, ne seront jamais
que les relations qui peuvent exister de vainqueur à vaincu, de
maître à tributaire. Le pouvoir souverain législatif et exécutif
n'existe que dans Rome, ne fonctionne que dans le forum et
dans le sénat où s'assemblent ses citoyens. Il n'y aura dans les
villes soumises, conquises ou alliées, qu'une liberté municipale

plus ou moins grande ; mais le droit de déclarer la paix ou la guerre, de lever les impôts, toutes les attributions du suprême pouvoir, ne résident que dans la ville de Rome dont les habitants décident en maîtres pour le reste de l'Empire.

Ainsi toutes les sociétés anciennes, quels que soient leur point de départ et leur nature, faute d'avoir connu la représentation, toutes tendent et aboutissent au despotisme : ou c'est un prince qui règne en maître absolu sur les habitants d'un vaste territoire, ou c'est une ville dont les citoyens se gouvernent eux-mêmes qui impose ses lois par la conquête à ses voisins. Et, comme conclusion de la politique de l'ancienne civilisation, Rome, en Italie et dans le monde entier, établit partout son despotisme ; despotisme d'une ville libre, d'abord, d'une ville asservie, par la suite.

Il était réservé au monde moderne et au développement de notre civilisation d'arriver à l'établissement de gouvernements qui pussent s'étendre à un grand nombre de villes ou à de vastes territoires sans être despotiques et absolus. A la place d'un prince à la tête d'un Empire ou d'une ville, au centre d'une contrée qui n'était grande par la liberté que pour devenir plus facilement conquérante, on a pu voir de nos jours de vastes territoires dont tous les habitants, ceux des extrémités comme ceux du centre, ont obtenu une égale part d'action et d'influence sur les destinées d'une patrie commune. C'est par la représentation que l'on est arrivé à ces grands résultats.

Quand tous les citoyens de l'État devaient s'assembler sur la place publique pour délibérer eux-mêmes sur leurs propres affaires, les difficultés de transport opposées par les distances, et l'impossibilité dans laquelle se trouvaient un très-grand nombre d'hommes de pouvoir prendre part à une discussion commune, apportaient des obstacles invincibles à l'établissement d'un gouvernement libre dans un grand État. Mais quand on fut arrivé à ne réunir, pour discuter les affaires publiques, que les mandataires en petit nombre des citoyens, tous les habitants d'un vaste État purent prendre, par leurs représentants, une part égale à la gestion de la chose publique. Notre civilisation, dans ses développements, a donc obtenu, par la représentation, ce que l'antiquité n'avait jamais connu, de grands gouvernements libres établis chez de grands peuples.

Par le fait de la représentation ainsi comprise, une grande Assemblée politique doit être considérée comme le pays lui-même, comme le pays tout entier délibérant sur ses propres affaires. Et si, dans le monde, l'apparition et l'établissement des gouvernements représentatifs marquent un grand progrès politique et sont un pas important de fait dans la civilisation, le degré de développement, de puissance et de perfection auquel ce système est parvenu chez les nations modernes, pourrait servir à marquer, en politique, leur degré de développement respectif et à les comparer les unes aux autres.

On comprend maintenant de quelle importance devient pour un peuple la composition des Assemblées politiques qu'il est appelé à élire. Si une Assemblée est la représentation vivante du pays, est le pays lui-même délibérant sur ses affaires, que la majorité de l'Assemblée soit composée de muets, d'hommes peu capables, *vulgum pecus*, et le pays tout entier est abaissé aux yeux du monde ; qu'au contraire, le talent de la parole, les grands caractères, le sens et le jugement politique, y dominent, et le pays qu'elle représente prend dans l'opinion des hommes une place immense. Pour un grand peuple, pour un peuple fier, pour un peuple qui veut être libre, un moment d'élections générales comme celui dans lequel nous nous trouvons doit donc être considéré comme un moment d'une immense importance.

II

Je viens de montrer qu'une Assemblée législative était la représentation vivante du pays par lequel elle était élue, était ce pays lui-même délibérant sur ses affaires. Une grande Assemblée politique intervient donc dans la gestion des affaires publiques, pour les diriger ou pour les contrôler, afin que rien ne se fasse dans le pays sans l'agrément du pays, et c'est pour que les citoyens aient le dernier mot sur toutes les questions qui peuvent les intéresser, que les Constitutions modernes reconnaissent aux Assemblées le droit d'accorder et de refuser l'impôt. Le refus de l'impôt est l'arme dont elles ont, en dernier ressort, le droit de se servir pour faire prévaloir leurs décisions sur celles qui leur seraient opposées. Après avoir ainsi établi le grand rôle que jouent les Assemblées comme représentant la volonté du pays, je crois devoir exposer maintenant quelle place elles occupent dans la machine gouvernementale proprement dite, et quel résultat on peut attendre de leur intervention active et continue dans la gestion de la chose publique.

Machiavel et, après lui, Montesquieu, attribuent la grandeur de Rome à l'excellence de son gouvernement. On ne peut imaginer, suivant eux, de plus mauvais gouvernement que celui qui est formé d'un pouvoir unique quel qu'il soit, agissant seul, sans contrôle et sans contre-poids. Au contraire, un gouvernement peut être considéré comme établi sur de bonnes bases, lorsqu'il est composé de plusieurs pouvoirs de nature différente, qui se partagent entre eux la suprême puissance dans une certaine mesure, et qui, tout en combinant leur action pour arriver en commun à la bonne administration des affaires publiques, n'en conservent pas moins chacun en particulier, une vie propre et une sphère d'action indépendante.

C'est une vérité, aujourd'hui devenue triviale en politique, que toute puissance qui est absolue et qui n'est pas contrôlée ou limitée, aboutit au despotisme et court à sa perte par l'exagération de son principe ; aussi, dans tous les États de l'Europe moderne qui se prétendent civilisés, a-t-on divisé le soin du gouvernement entre plusieurs pouvoirs qui ont chacun leur rôle à remplir dans la gestion des affaires publiques. Au pouvoir exécutif on a confié l'action, l'exécution, comme son nom l'indique ; au pouvoir législatif, représenté par une ou plusieurs Assemblées, la délibération et le contrôle.

Le pouvoir exécutif, qu'il ait à sa tête un roi, un empereur, des ministres, ou, dans une république, un président ou des consuls, est toujours animé des mêmes tendances et poursuit toujours le même but : beaucoup entreprendre, gouverner, régler, réglementer et centraliser. Toutes ces choses, en elles-mêmes, sont excellentes et nécessaires à la sécurité, au développement, à la vie même des sociétés ; mais les choses les meilleures, poussées à l'excès, ont leur mauvais côté, et, s'il n'était contenu et limité, le pouvoir exécutif se trouverait conduire forcément au despotisme, il finirait souvent aussi par ruiner les peuples en les engageant à l'aventure dans des entreprises qui dépasseraient leurs forces et leurs ressources. C'est pour le contenir dans les limites d'une action bienfaisante que les Assemblées législatives sont placées à côté de lui, avec la mission de surveiller, d'éclairer, de contrôler les hommes qui en sont les dépositaires.

Malgré les changements politiques qui se sont accomplis parmi nous depuis 1789, nous n'en avons pas moins toujours conservé dans nos institutions la division des pouvoirs, et, aujourd'hui comme par le passé, nous avons un pouvoir pour faire exécuter la loi, et un autre pour la discuter et la voter. Mais, tout en maintenant constamment cette division salutaire, nous sommes loin d'avoir fait entre les deux pouvoirs, sous nos divers régimes, la même répartition de la puissance publique, et de les avoir toujours conservés vis-à-vis l'un de l'autre en parfait état d'équilibre. En effet, une part d'action trop grande a souvent été faite à l'un ou à l'autre. Quand une part trop grande a été faite au pouvoir exécutif, le gouvernement de la France a tendu au despotisme; lorsqu'au contraire les Assemblées se sont mêlées de gouverner par elles-mêmes en l'absence d'un pouvoir exécutif suffisamment stable et affermi pour le faire, le pays a été menacé de l'anarchie. Le gouvernement ne s'est trouvé établi parmi nous dans de bonnes conditions que lorsqu'une part égale a été faite à l'exécution et à la discussion, et que, par ce moyen, l'ordre et la liberté ont pu être conciliés.

Il est incontestable que, dans notre Constitution actuelle, la part principale de puissance a été faite au pouvoir exécutif, et que celle du pouvoir législatif, comparée à ce qu'elle était précédemment, a été au contraire rétrécie et limitée avec soin. Mais si le contrôle du Corps législatif sur la marche des affaires a été fort diminué, c'est moins peut-être par la faute de la Constitution que par celle des électeurs qui ont composé un Corps législatif où toutes les opinions du pays ne sont peut-être point suffisamment représentées et où les éléments d'opposition ont presque complétement fait défaut. Je ne m'occupe point ici de rechercher quelles sont les causes qui ont concouru à produire ce résultat; je me borne à en constater l'existence et je passe outre.

La prépondérance du pouvoir exécutif dans la direction de nos affaires et la part principale qu'il a eue dans leur gestion, ont eu leurs conséquences inévitables et forcées. Depuis dix ans une vive impulsion a été imprimée par l'État à tout ce qui était de son ressort, administration, guerre, marine, travaux publics, emprunts, expéditions lointaines. L'État, débarrassé du contrôle constant et minutieux des Assemblées, agissant dans toute sa liberté, sans aucun obstacle ou empêchement, a beaucoup bâti, beaucoup emprunté, beaucoup gouverné, beaucoup réglementé. Mais c'est surtout dans nos finances que s'est fait sentir la prépondérance du pouvoir exécutif. Pour entreprendre beaucoup, pour beaucoup gouverner, il faut beaucoup d'argent. Les tendances constantes du pouvoir exécutif, dans tous les temps et dans tous les pays, le portent donc, malgré lui et quoi qu'il fasse, à beaucoup dépenser : aussi a-t-on eu soin de confier partout au pouvoir législatif le droit exclusif d'accorder les fonds et de voter l'impôt. Quand la part d'action du pouvoir législatif se trouve égale à celle du pouvoir exécutif, il y a débat entre les deux pouvoirs sur le terrain du budget, l'un demandant beaucoup, l'autre voulant accorder moins. C'est ce débat qui assure une sage économie, sans toutefois rien sacrifier de ce qui est nécessaire à l'honneur et à la grandeur du pays. Comme on devait donc s'y attendre, connaissant l'action irrésistible que le pouvoir exécutif exerce sur la marche des affaires publiques, les dépenses, depuis quelque temps, ont en France été sans cesse en s'accroissant, et, malgré les résultats de la conversion et les ressources fournies par les nouveaux impôts, toute l'habileté de M. Fould s'est trouvée insuffisante pour diminuer notre dette flottante et pour équilibrer les recettes et les dépenses de notre dernier budget.

Il n'est donc point douteux qu'aujourd'hui, dans l'état de la France, ce qui est le mieux fait pour préoccuper vivement tous les hommes, quelles que soient leurs opinions, qui s'intéressent aux affaires du pays, c'est la part dominante, le haut degré de puissance que peut posséder le pouvoir exécutif par l'effacement du Corps législatif. Le gouvernement impérial est aujourd'hui solidement établi et personne ne le menace : nous n'avons donc pas besoin d'accroître ses forces pour le garantir contre les attaques que l'on pourrait diriger contre lui. Ce n'est point non plus pour qu'il exécute de nouvelles et périlleuses entreprises que nous avons besoin d'aplanir le terrain sous ses pas ; toutes les choses de ce genre sont accomplies ou bien près de l'être. Après une période prolongée d'activité et de grandes entreprises, les peuples comme les individus ont besoin de repos et de tranquillité, et c'est aujourd'hui vers l'amélioration de nos institutions et leur développement dans un sens libéral, que nous devons tourner tous nos efforts. Pour ce nouveau travail, c'est la part d'action du Corps législatif qui doit être faite de plus en plus grande. Tout le monde, du reste, a conscience de ce besoin, l'Empereur le premier. C'est ce qu'est venu prouver le décret du 24 novembre 1860, qui a étendu les prérogatives des Chambres, et la renonciation qu'après le rapport de M. Fould l'Empereur a faite, en faveur du Corps législatif, de la prérogative que lui donnait la Constitution d'ouvrir des crédits supplémentaires et extraordinaires par simple décret.

Je l'ai déjà dit, je ne prétends pas que la balance penche du côté du pouvoir exécutif, surtout par le fait de la Constitution. Les attributions du Corps législatif actuel, quoique moins étendues que celles des anciennes Chambres, n'en sont pas moins au fond très-importantes. La part d'influence plus ou moins grande que peut prendre le Corps législatif dans la gestion des affaires, ne dépend donc que du caractère personnel, des idées politiques des hommes que le pays aura appelés à en faire partie, que de la mission qui sera confiée aux députés par les électeurs. Ce sont donc les électeurs qui, dans les limites les plus strictes de la Constitution, peuvent à leur gré influer sur la marche que doit prendre le gouvernement du pays, et décider du rôle plus ou moins important qu'aura le Corps législatif dans le maniement des affaires publiques. C'est simplement une affaire de choix entre des hommes de couleur politique différente. Et c'est parce qu'il en est ainsi que l'on doit considérer les élections qui s'approchent comme de la plus haute importance pour l'avenir de notre pays.

III

Je viens d'exposer le rôle important que jouait le pouvoir législatif comme rouage du système politique de tous les États civilisés, en éclairant le pouvoir exécutif et en modérant son action. J'en ai tiré, comme conséquence, que les élections qui allaient avoir lieu devaient être considérées comme un événement d'une grande importance pour le pays. Je voudrais, en exposant quelques-uns des autres avantages qu'un peuple peut attendre des débats d'une grande Assemblée, insister de nouveau sur l'importance que les électeurs doivent attacher à choisir avec soin les députés qu'ils enverront siéger au Corps législatif.

C'est le propre de tous les hommes de préférer leur intérêt particulier à l'intérêt public et de s'occuper exclusivement de leurs affaires privées en donnant à peine une pensée aux affaires du pays tout entier. C'est là un fait que prouve l'expérience et que constate l'existence du proverbe : que ce qui regarde tout le monde ne regarde personne. Cependant un peuple qui ne porterait à la chose publique et à la marche du gouvernement qu'un intérêt qui finirait par disparaître ou par s'affaiblir outre mesure, un pareil peuple serait sur la pente qui conduit à la ruine. Il n'y a point d'exemple, je crois, dans l'histoire, d'une nation qui soit longtemps restée grande après avoir renoncé à contrôler et à surveiller, au moins de loin, la marche de ses affaires, qui soit demeurée à un haut degré de prospérité et de puissance en délaissant tout souci de penser à la chose publique et d'en surveiller la gestion. Quels que soient les chefs ou les mandataires chargés de gouverner un pays, laissés longtemps sans surveillance, abandonnés complétement à eux-mêmes, ils finiraient par faire prendre aux affaires publiques une marche inspirée par le souci de leur grandeur personnelle, par leurs passions ou par leurs vues purement égoïstes. C'est l'histoire à la main que l'on peut affirmer cette vérité sans crainte d'être contredit.

Avec la tendance, commune à chacun de nous, de s'absorber dans le soin d'intérêts privés, en délaissant tout souci de la chose publique, je ne sache pas qu'il existe de meilleur moyen de ramener les citoyens à l'examen des affaires d'intérêt général que les débats d'une grande Assemblée. L'esprit public sommeillait, toute préoccupation de politique avait disparu des masses : voilà qu'une Assemblée se réunit, que des hommes de talent, d'éloquents orateurs représentant les opinions les plus diverses, s'y rencontrent pour discuter avec ardeur toutes les grandes questions qui intéressent le pays. Les débats passionnés qui émeuvent l'Assemblée et la font tressaillir, recueillis par la presse et pénétrant partout, vont partout réveiller l'attention publique endormie. Un article de journal, un livre, eussent passé inaperçus ; mais des discours, fruits d'une lutte oratoire, de proche en proche arrivent à tout le monde. La discussion, l'intérêt, l'émotion de la Chambre passent dans la masse du public ; un instant les intérêts généraux forment de nouveau le souci de chacun ; la marche du gouvernement est examinée avec soin ; la direction politique qu'il suit, partout débattue. C'en est assez. L'opinion publique va maintenant se prononcer, et le gouvernement du pays, éclairé par ce puissant flambeau, continuera plus ferme dans la bonne voie, s'il y est engagé, ou abandonnera forcément la mauvaise, si c'est au contraire celle qu'il suit. Voilà d'immenses résultats obtenus d'un débat législatif qui n'a souvent duré que quelques heures.

On ne saurait non plus trop faire remarquer quelle source de connaissances élevées, quelle grande école de politique, de législation, de notions financières, les débats d'une Assemblée sont pour un peuple. On acquiert en effet en les lisant, et sans s'en apercevoir, de ces notions variées sur toutes choses que peu de personnes iraient chercher dans les livres, et que les orateurs qui discutent sont obligés, pour les besoins de leur cause, de mettre à la portée de tout le monde, quoiqu'en les développant dans le plus beau langage. Les débats d'une grande Assemblée politique doivent donc à la longue influer sur le degré de culture intellectuelle de tout un peuple.

C'est encore pour former des hommes d'État et de gouvernement, surtout pour les faire découvrir et leur permettre de se
produire, que les Assemblées sont efficaces, et on ne saurait
trop s'attacher à faire ressortir que c'est là un immense service
qu'elles rendent à une nation. L'homme qui a reçu du ciel les
dons les plus propres au gouvernement, vit peut-être fort ignoré
dans quelque village, apprécié tout au plus de ses voisins ou des
gens de son arrondissement. Sans Assemblée, qui le fera connaître au loin, quels sont les moyens dont il s'aidera pour se
produire sur le grand théâtre du monde et y développer les
qualités qui lui sont propres? Avec une Assemblée, à laquelle il
est envoyé par les électeurs de son voisinage, à peine il a parlé
que, connu hier de son canton, il le sera demain du pays tout
entier. Mais c'est là un fait d'expérience que vient prouver
l'histoire de tous les peuples libres. Il n'y a jamais eu dans le
monde de peuple mieux gouverné que le peuple anglais, de
peuple qui ait eu à sa tête plus d'hommes d'État remarquables.
Les Walpole, les Pitt, les Canning, les Peel, les Palmerston et
tant d'autres, sont tous sortis du Parlement britannique, sont
tous arrivés par lui seul à se produire et à faire connaître au
monde les qualités qui les destinaient au gouvernement d'une
grande nation. D'où sont sortis les hommes qui, depuis longtemps déjà, gouvernent notre pays? Des Assemblées. Où se
sont fait jour MM. Magne, Fould, Baroche, Billault, les ministres et les hommes de talent qui conduisent aujourd'hui nos
affaires? Dans les Assemblées. C'est encore vers notre Corps
législatif qu'il nous faut aujourd'hui diriger nos regards si nous
voulons découvrir les hommes qui doivent un jour succéder, à
la tête du gouvernement, à ceux que la mort aura moissonnés
ou que l'âge et la fatigue feront retirer de la vie publique. C'est
donc avec regret qu'on entend partout faire cette remarque:
combien est petit le nombre des hommes nouveaux qui se sont
fait jour en politique dans ces dernières années. Cet état de
choses est grave pour l'avenir du pays, car il est bon que les
hommes qui occupent de grandes fonctions dans l'État puissent
être facilement remplacés si des événements imprévus venaient
à rendre leur retraite nécessaire. Je ne vois, pour remédier à
cette situation, que le choix que pourront faire les électeurs de
députés capables de jouer un rôle politique et de développer au

Corps législatif les aptitudes gouvernementales qu'ils auront pu recevoir de la nature.

Il n'y a point de peuple dans l'univers plus passionné pour la gloire que nous ne le sommes ; point de peuple qui s'inquiète plus que nous du rôle qu'il joue dans le monde, de la figure qu'il pourra faire un jour dans l'histoire. Mais depuis quelque temps nous nous laissons trop aller à penser que la seule gloire que puisse envier une nation soit la gloire militaire, et que, pour être sans rivaux dans l'art de conquérir une province, de tailler en pièces une armée ennemie, d'enlever une ville d'assaut, nous soyons d'emblée le plus grand peuple de l'univers. C'est renier le passé de la France et oublier ses plus beaux titres à tenir la première place à la tête de l'humanité, que de vouloir mettre la domination que nous avons exercée dans le monde par nos idées au second plan de notre grandeur. Avant que nos armes ne fussent, sous la République et l'Empire, la terreur de l'Europe, notre patrie, par les lettres, en avait été le charme, et, au dix-huitième siècle, rayonnant à l'aide de ses idées sur le monde, la France l'avait conquis d'une manière plus durable, par l'éclat d'une littérature alors sans rivale, que ne le firent ensuite, par les baïonnettes, ses soldats et ses généraux. Plus tard, quand l'Europe enfin soulevée contre nos envahissements, nous eut refoulés dans nos anciennes limites, vaincus, mais libres et éloquents, nous reprîmes vite en Europe un prestige incomparable en conquérant nos voisins aux idées de liberté qui ont fait une partie de notre grandeur.

La gloire militaire est certes une belle et grande chose, et nous tenons une place immense dans le monde par la moisson que nous en avons faite ; mais nous renierions notre propre passé et serions indignes de nos hautes destinées, si, à cette gloire, nous ne devions ajouter toutes les choses. En est-il une plus belle pour un peuple que celle qui découle du grand rôle que peut jouer dans le monde une Assemblée politique, par l'élévation, l'originalité, la nouveauté des idées qui s'y font jour, par la noblesse des sentiments qui y sont exprimés, par la manière élevée dont y sont traitées les affaires publiques ? Qui peut nier l'influence et le prestige immense que donnent dans le monde à l'Angleterre les débats de son Parlement, sans qu'il lui en coûte un penny ou une goutte de sang ? Sait-on au juste combien ils contribuent à donner de force au dehors à ses idées et même à faire pénétrer partout la langue qui leur sert de véhicule ?

Ce ne sont point là des phrases et de vaines amplifications ; ce sont des faits et des considérations dictées par un sentiment tout aussi patriotique que celui qui peut pousser l'honorable M. Billault, ministre sans portefeuille, à user avec prodigalité, dans ses discours, des images oratoires que lui fournit le drapeau de la France, l'épée de la France, l'honneur militaire de la France. Aujourd'hui que le gouvernement impérial est établi sur les larges bases du suffrage universel, qu'armé des attributions et des prérogatives les plus étendues il peut se mouvoir librement dans sa sphère d'action sans empêchements du Corps législatif, nous devons, comme électeurs, n'avoir qu'une pensée, celle de donner au Corps législatif, en le formant, le plus d'éclat et de grandeur possibles. C'est là ce que recommande le soin bien entendu de nos intérêts, et le désir que nous pouvons avoir de faire aussi grande figure dans le monde comme nation intelligente que comme nation guerrière.

IV

J'ai déjà exposé que, dans l'état actuel de la politique française, les électeurs devaient vivement se préoccuper de former un Corps législatif qui pût exercer une influence considérable sur la marche des affaires publiques.

Il me faut maintenant montrer qu'ils doivent, avant tout, porter leurs choix sur des candidats indépendants de l'administration.

On est étonné que la question de la dépendance ou de l'indépendance d'un député vis-à-vis de l'administration ait jamais pu se poser, tant il semble que la première qualité d'un député devrait être l'indépendance absolue vis-à-vis de tout le monde, ses électeurs exceptés. En consultant, en effet, la seule raison des choses, il est évident que les députés appelés à composer un

Corps législatif devraient être complétement étrangers aux fonctionnaires qui dirigent l'administration d'un grand pays. Sans doute il convient que, dans l'État, le pouvoir exécutif et le pouvoir législatif aient au fond les mêmes tendances et des principes communs ; mais, ceci admis, chacun d'eux ayant des attributions particulières et un rôle spécial à remplir, ils devraient n'exercer l'un sur l'autre aucune influence prépondérante. Ils sont pour se contrôler et se faire mutuellement équilibre ; il faut donc que celui qui est chargé de l'exécution puisse agir et se mouvoir dans sa sphère d'action légitime sans empêchements et sans embarras venant du Corps législatif, et que, de son côté, le pouvoir qui légifère, spontanément élu, puisse discuter et voter en dehors de toute influence administrative et gouvernementale.

Il est, du reste, difficile de comprendre l'intérêt qui peut pousser le pouvoir exécutif à se charger d'éclairer les élections, pour parler comme M. Baroche. Notre constitution, en déléguant au Corps législatif le soin de contrôler le pouvoir exécutif, lui a aussi délaissé celui de l'éclairer par ses débats et de lui faire connaître l'opinion véritable du pays sur toutes les grandes questions de politique nationale. Ce n'est que lorsque le pays, spontanément et de son libre mouvement, envoie au Corps législatif les hommes qui représentent le mieux ses idées, ses tendances et même ses préjugés, que le gouvernement pont se dire éclairé par les votes de la Chambre. Si les députés sont nommés par les électeurs sur l'avis et la recommandation du préfet, ou bien le préfet désigne un candidat parfaitement d'accord en politique avec les électeurs, et alors son intervention est inutile, ou bien il choisit un homme dont les opinions diffèrent sur certaines grandes questions de celles des habitants de la circonscription, et alors son rôle dans l'élection devient nuisible. Ce n'est que dans le cas où le pays serait en lutte avec son gouvernement et voudrait envoyer à la Chambre des hommes décidés à lui résister, que celui-ci, guidé par le sentiment et sa propre conservation, aurait avantage à jeter son influence dans la balance électorale pour la faire pencher du côté des hommes qui lui seraient avant tout dévoués. Mais j'en appelle à tout le monde pour constater que tel n'est point aujourd'hui en France l'état des esprits, et que partout, au contraire, les électeurs semblent de plus en plus jaloux de se tenir sur le terrain légal, sans outre-passer les bornes marquées par les lois et la constitution du pays.

S'il semble que, dans l'intérêt du gouvernement, les élections devraient se faire en dehors de toute influence administrative, les électeurs doivent comprendre combien il est de leur propre intérêt qu'il en soit ainsi. Un député est avant tout l'homme de ses électeurs, le défenseur de leurs droits, l'interprète, auprès du pouvoir, de leurs besoins et de leurs vœux. Dans tous les temps, dans tous les pays et sous tous les gouvernements, on a vu des ministres, même des princes, à plus forte raison des gouverneurs de province ou des préfets, se tromper par légèreté ou par négligence, commettre des abus, léser des intérêts respectables. Qu'arrivera-t-il si le député chargé des remontrances et des plaintes de ses électeurs lésés, doit quelque reconnaissance à l'administration pour l'appui qu'elle lui aura prêté aux élections ? Comment choisira-t-il entre són attachement pour le fonctionnaire dont il aura reçu aide et protection, et son rôle qui l'oblige, comme député, à l'attaquer par la parole ou avec la plume ? Je crois donc qu'il conviendrait pour tout le monde, électeurs, députés et préfets, que l'administration renonçât une fois pour toutes à s'occuper d'élections.

Tous les candidats seraient alors forcément des candidats indépendants. Mais qu'on m'entende bien ! J'entends simplement par candidat indépendant tout candidat qui se présente aux électeurs, si je puis m'exprimer ainsi, sans avoir reçu le visa préfectoral. Il est bon que toutes opinions qui existent dans le pays soient représentées au Corps législatif. S'il y avait quelque part en France une circonscription électorale où l'on pensât qu'un député n'a autre chose à faire qu'à enregistrer silencieusement les actes du pouvoir sans faire d'observations, il me paraîtrait naturel qu'on choisît un homme pour voter en conséquence ; mais il me semble que, même dans ces circonstances, les électeurs pourraient fort bien ne vouloir nommer qu'un candidat indépendant de l'administration.

— Nous vous ordonnons, diraient-ils dans ce cas à leur mandataire, de faire tout ce que le ministre exigera de vous. Allez donc à la Chambre, et répondez à tout ce qu'on vous demandera par un oui perpétuel.

Mais si, dans ces circonstances, un préfet venait leur dire :

— Électeurs, puisque vous êtes dans l'intention de nommer un député pour enregistrer silencieusement tous les actes du pouvoir, portez vos suffrages sur le candidat que je vous présente ; je comprendrais encore qu'ils pussent lui répondre :

— Non, car nous avons le droit, de par la loi et la Constitution, d'élire notre député comme bon nous semble, sans prendre conseil de qui que ce soit, et c'est ainsi que nous voulons agir. Si nous nommons un homme, pourraient-ils encore ajouter, pour acquiescer à tout ce que demandera le gouvernement, c'est que la ligne de conduite qu'il a suivie jusqu'ici nous convient en tout point et que nous espérons qu'il en sera de même de celle qu'il suivra à l'avenir ; mais enfin si, par hasard, il en était autrement, notre député pourra changer sa manière de voter bien plus facilement, s'il ne dépend que de nous, que si son allégeance était partagée entre ce qu'il nous devrait et ce qu'il devrait à l'administration ? Je n'hésite donc point à le dire, quelles que puissent être ses opinions, un candidat devrait être avant tout indépendant de l'administration.

En posant l'indépendance vis-à-vis de l'administration comme la première qualité d'un candidat, je n'ai point entendu recommander aux électeurs d'élire des hommes hostiles au pouvoir ; j'ai simplement voulu les prévenir contre le choix qu'ils pourraient faire d'hommes dévoués quand même à la politique gouvernementale. Une connaissance superficielle de notre histoire suffit pour nous montrer en France, sous tous nos régimes, trois catégories d'hommes politiques bien distinctes :

1° Les hommes hostiles à l'ordre de choses établi, quel qu'il soit, qui veulent à tout prix sa chute et y travaillent par tous les moyens en leur pouvoir. Cette classe de mécontents acharnés est généralement peu nombreuse, et elle ne réussit à faire une révolution que lorsque le gouvernement, par des fautes répétées, lui amène la majorité conservatrice du pays.

2° Les hommes dévoués quand même au pouvoir existant, qui applaudissent d'avance à tout ce qu'il fait, et n'ouvrent la bouche que pour entonner un hosanna perpétuel ou chanter un cantique de louanges, semé de toutes les hyperboles et fleuri de tous les adjectifs qualificatifs que possède la langue. Cette classe d'hommes, que, lorsqu'ils approchent le prince, on appelle *flatteurs* ou *courtisans*, a existé dans tous les temps et dans tous les pays, et c'est elle, bien plus que les partis hostiles, qui a successivement perdu, en les aveuglant, tous nos gouvernements.

3° Entre les ennemis et les flatteurs, il y a les hommes qui entendent conserver vis-à-vis du pouvoir l'indépendance de leurs jugements, et qui ne veulent servir le pays et le prince que pour les éclairer par de sincères avis. Qu'un gouvernement soit établi, ils l'acceptent franchement, mais sans fanatisme, et sans être disposés à abdiquer en sa faveur leur libre arbitre et leur indépendance. Ce n'est que lorsque cette troisième classe d'hommes est en majorité dans un pays et y possède l'ascendant, que le gouvernement existant peut se considérer comme établi sur des bases inébranlables.

Que les électeurs y pensent bien ! S'ils veulent que leurs intérêts soient sauvegardés envers et contre tous, s'ils veulent que le prince soit éclairé par de sincères avis, ils doivent se garder avec autant de soin des flatteurs du pouvoir que de ses ennemis.

V

J'ai essayé dans mes précédentes lettres de faire ressortir, à un point de vue aussi général que possible, quel devait être le caractère politique des députés envoyés par le pays au Corps législatif, et je me suis attaché à démontrer que les candidats à la députation devaient être avant tout indépendants de l'administration. Je voudrais examiner maintenant, au point de vue pratique, les principales questions à l'ordre du jour pour établir quelle influence la solution qu'on en peut demander doit exercer sur les élections.

L'état de nos finances est fait pour causer de sérieuses préoccupations à tous les hommes qui s'intéressent à la marche des affaires publiques. On peut donc dire qu'en vue des élections, la question financière est la plus importante que l'on puisse traiter, quoique la majorité du public semble s'en préoc-

cuper fort peu. Tout le monde, il est vrai, n'est point en état
d'étudier un grand budget, et de suivre la marche parallèle du
revenu et des dépenses d'un vaste État ; mais tout le monde
peut instantanément comprendre ce que veut dire une augmentation d'impôt et ce que signifie un budget en déficit. Chaque
électeur devrait donc, en vue des élections, prendre au moins
une légère connaissance de la situation financière de la France.

On peut diviser la politique financière du gouvernement en
deux périodes bien distinctes : la première commencera au
2 décembre 1851 pour s'arrêter au 31 décembre 1861 ; la
deuxième prendra à cette époque et conduira jusqu'à ce jour.
La première période a vu imprimer une vive impulsion aux
travaux publics et s'accomplir de grandes guerres. On a
donc beaucoup fait ; mais, comme conséquence, on a beaucoup
dépensé. Aussi, malgré l'augmentation des recettes obtenues
par l'accroissement normal et régulier du produit des impôts et
par la création de nouveaux impôts, malgré des emprunts ré-
pétés et la suppression presque constante de l'amortissement,
la plupart des budgets de cette période se soldent-ils en déficit,
et la dette flottante va-t-elle sans cesse en grossissant jusqu'à
dépasser le chiffre d'un milliard. Du reste, voilà comment
M. Fould lui-même résume, dans son Rapport à l'Empereur, les
opérations financières de ces dix années :

« Deux milliards d'emprunts en rentes, auxquels il faut ajou-
« ter 100 millions d'augmentation du capital de la Banque ; —
« 135 millions consolidés en rente en 1857 pour la caisse de la
« dotation de l'armée, et, depuis, tous les fonds de cette caisse
« successivement absorbés ; — 132 millions d'obligations tren-
« tenaires ; — 2 milliards 800 millions de crédits extraordinai-
« res ; — 1 milliard de découvert ; — le recours au crédit sous
« toutes les formes, à l'emprunt sous tous les modes possibles ;
« l'emploi des ressources des établissements spéciaux dont
« l'État a la direction ; l'absorption complète des capitaux ap-
« partenant à la caisse de la dotation de l'armée. »

Il n'est donc point étonnant que l'Empereur ait compris qu'il
fallait enfin essayer d'apporter un remède à un aussi fâcheux
état de choses. Par le sénatus-consulte du 31 décembre 1861,

l'Empereur a donc renoncé à la prérogative que lui donnait la Constitution d'ouvrir des crédits supplémentaires et extraordinaires par simple décret. Pour remplacer ce moyen abandonné d'obtenir les ressources nécessaires pour faire face aux besoins imprévus, le gouvernement eut la faculté de faire des virements d'un chapitre du budget sur un autre; mais il ne put ajouter aux charges du budget au delà du total des sommes accordées par le Corps législatif, sans avoir de nouveau recours à cette Assemblée et sans une loi votée par elle. Cette importante réforme accomplie, l'Empereur appela M. Fould au ministère des finances pour inaugurer le nouveau système et le mettre en pratique. C'était là un fait important, car MM. Magne et Forcade la Roquette, qui dirigeaient nos finances avant M. Fould, étaient loin d'offrir les garanties d'habileté et de connaissances spéciales que tout le monde reconnaissait à ce dernier.

Cependant l'abandon qu'a fait le gouvernement de quelques-unes de ses prérogatives les plus importantes, la division des budgets en budget extraordinaire et ordinaire, l'appel au pouvoir d'un homme aussi versé dans les questions de finances que M. Fould, et aussi décidé que lui à renfermer les dépenses dans de justes bornes; toutes ces mesures, dont on attendait un changement radical dans notre situation financière, ont été insuffisantes pour amener l'équilibre entre les dépenses et les recettes du budget de 1862. C'est là un résultat fâcheux à tous égards. Le public qui, jusqu'au mois de novembre 1861, avait suivi avec une émotion de plus en plus vive l'accroissement des dépenses et l'augmentation constante des dettes flottante et consolidée, fut tout à coup rassuré par l'apparition du rapport de M. Fould et par le sénatus-consulte du 31 décembre 1861. Nous voici enfin, disait-on, rentrés dans la voie d'une sévère gestion financière; plus d'emprunts, plus de déficit dans les budgets, par conséquent plus d'augmentation de la dette flottante. Il n'en était malheureusement rien, et le budget de 1862, qui se solde par un déficit jusqu'ici connu de 35 millions, est venu détruire de si douces illusions.

Les recettes et les dépenses du budget de 1862 présentaient déjà une augmentation considérable sur celles du budget de 1861. Les fonds votés pour faire face aux dépenses de l'année 1862 s'élevaient primitivement à 1,960 millions; les crédits ajoutés législativement montèrent à 200 millions, ce qui faisait d'accordé par le Corps législatif, pour les dépenses de cette seule année, une somme totale de 2 milliards 169 millions. Eh bien ! les dépenses de 1862 ont dépassé de plus de 30 millions cette somme de 2 milliards 169 millions, et encore est-il impossible d'assurer que de nouvelles sommes ne viendront pas s'ajouter au déficit pour le grossir.

On était arrivé à cette somme de 2 milliards 169 millions par l'accroissement normal et régulier du revenu, mais en partie aussi par des augmentations successives d'impôt : augmentation des impôts sur le sucre et le café, augmentation des droits de timbre et d'enregistrement, augmentation du droit de consommation sur les alcools, double décime de guerre maintenu. Dans cette somme de 2 milliards 169 millions figuraient en outre, pour un chiffre considérable, des ressources temporaires et tout à fait éventuelles auxquelles on ne saurait plus avoir recours aujourd'hui : 25 millions de l'ancienne créance sur l'Espagne, 10 millions de l'indemnité chinoise, 45 millions pris sur des reliquats d'emprunts et la consolidation de la dotation de l'armée. Le produit des anciens et des nouveaux impôts, la suppression de l'amortissement et l'emploi de ressources temporaires aujourd'hui épuisées, n'ont point suffi pour équilibrer les dépenses et les recettes de l'année 1862, et un budget, dont l'actif s'élève à 2 milliards 169 millions, se solde par un déficit jusqu'ici connu de 35 millions. La dette flottante, qui avait été maintenue par la conversion au chiffre de 848 millions, et dont on espérait que l'augmentation serait pour toujours arrêtée, se trouve aujourd'hui accrue d'une somme égale à celle du nouveau déficit. L'équilibre du budget et la fin de la période des découverts que M. Fould, à son entrée au ministère, nous annonçait pour 1862, se trouvent renvoyés par lui à l'année 1863, sans qu'en face des événements imprévus et de l'expédition du Mexique il puisse donner comme certain que l'équilibre sera mieux maintenu alors qu'aujourd'hui.

Il ressort de cet état de choses une grande leçon pour le pays, dont il est à espérer qu'il saura profiter : c'est qu'en matière financière il n'y a, pour arrêter la marche toujours croissante des dépenses et maintenir les budgets en équilibre, que le contrôle sérieux et sévère du Corps législatif. L'abandon que l'Empereur a fait de sa prérogative d'ouvrir des crédits extraordinaires par simple décret, l'appel au ministère d'un financier aussi habile que M. Fould, sans qu'on soit arrivé à l'équilibre du budget, font un devoir impérieux aux électeurs d'envoyer au Corps législatif des députés bien décidés à faire entendre au pouvoir, sur les questions financières, des observations fermes et décidées. On n'a jamais fait de révolutions ni ébranlé de gouvernements en traitant à la tribune des questions de finances, et c'est une raison pour laquelle les députés les plus dévoués à la dynastie peuvent sans crainte faire entendre au pouvoir de sérieux avertissements.

On a établi des impôts nouveaux en même temps qu'on en augmentait plusieurs, sans que leur produit à tous soit suffisant pour équilibrer les dépenses avec les recettes. Qu'on essaie maintenant de l'économie ; que le gouvernement, au lieu d'emprunter de nouveau ou d'augmenter peut-être encore les impôts, réduise quelque peu les dépenses : les dépenses des grands travaux de Paris, les dépenses de l'armée ou des expéditions lointaines.

Voilà ce que les députés doivent dire au pouvoir, en prenant résolûment en main l'intérêt des contribuables pour le sauvegarder, et pour préserver le gouvernement contre ce que l'Empereur lui-même appelle *l'entraînement des dépenses utiles.* En adoptant cette ligne de conduite, ce seront nos intérêts à tous que les députés défendront, car l'argent dont on forme le budget de l'État se prend dans la poche de chacun.

VI

Il est, dans ce moment, une question qui, à l'égal de celle des finances, est digne de fixer l'attention publique au plus haut point par sa gravité. C'est celle du Mexique. Je dois donc en dire quelques mots.

Nos soldats sont en marche sur Mexico pour obtenir réparation d'outrages subis par nos nationaux, et pour réclamer le remboursement de créances qui leur sont dues. La conception première de marcher sur Mexico et de faire rendre justice à nos nationaux par une occupation du Mexique me semble une faute. La résolution de marcher sur Mexico une fois prise, nous nous jetions dans des embarras et des difficultés sans fin, quelle que pût être la manière dont l'expédition serait conduite. On a voulu critiquer telle ou telle partie de la campagne de 1812 en Russie. Peine inutile; c'est l'idée première d'aller à Moscou qui est l'erreur capitale de Napoléon. Cette faute commise, toutes les autres en découlaient forcément. Il en est de même pour l'expédition du Mexique; que les Espagnols et les Anglais nous aient abandonnés à tort ou à raison, que l'expédition ait tout d'abord été bien ou mal conduite, que l'on ait ou non été trompé sur les dispositions des Mexicains à notre égard, ce ne sont là que des questions secondaires, et, pour éviter qu'elles fussent posées, on ne devait point se mettre en route sur Mexico.

Certes, il importe à une grande nation comme la France de faire respecter ses nationaux, et de donner à comprendre qu'elle est toujours prête à les protéger contre les exactions. La France a donc raison d'aller demander réparation par la force pour les Français établis au Mexique. C'est cependant pousser le soin de l'honneur national trop loin que de vouloir conquérir un grand pays et y planter son drapeau après d'immenses sacrifices, pour obtenir quelques millions de piastres réclamés par des Français plus ou moins bien famés. Nous serions également arrivés à nous faire rendre justice en bloquant un ou deux ports, en les bombardant ou en les occupant militairement. C'est dans ces limites que les Anglais voulaient renfermer leur action, et tout porte à croire que cette ligne de conduite, si elle eût été suivie, eût amené les résultats désirés. Mais on a pris la résolution de marcher sur Mexico, et, quand on sera parvenu à faire rembourser à nos nationaux l'argent qui leur est dû, on aura dépensé des sommes beaucoup plus considérables que celles qu'ils auront à recevoir. Les sacrifices sont donc hors de toute proportion avec les résultats à obtenir.

Quand je dis que l'expédition du Mexique a été entreprise et est continuée pour assurer le redressement de torts commis envers nos compatriotes établis au delà des mers, je ne fais que répéter les assertions de M. Billault, l'interprète de la politique du gouvernement. Mais, si on voulait croire le baron Jérôme David et quelques autres personnes qui pensent comme lui, la France, en allant à Mexico, devrait poursuivre un but beaucoup plus noble et plus élevé : celui de civiliser le pays, d'y répandre les lumières, d'y rétablir l'ordre et la prospérité, pour permettre ensuite au trop-plein de notre population de s'y déverser et de coloniser les déserts. Cette politique, sous le vernis des pompeuses sentimentalités dont elle s'enveloppe, n'est que du don-quichottisme.

Le Mexique, grand comme environ trois fois la France, n'est peuplé que de huit millions d'habitants. Les côtes ont, à juste titre, la réputation d'être le pays le plus malsain de l'univers. La fièvre jaune y règne presque en permanence. Le pays tout entier possède à peine une ou deux mauvaises routes qui mettent Mexico en communication avec la mer.

Une armée qui veut envahir le Mexique, ne pouvant vivre sur le pays qui n'offre pas assez de ressources et n'est pas assez peuplé, est obligée de tout porter avec elle à travers une contrée sans routes et des espaces immenses. Quand, après des lenteurs et des peines infinies, elle arrive à l'ennemi, elle le bat ; mais il fuit, et elle ne peut le poursuivre rapidement pour profiter de la victoire. L'armée qui attaque, s'éloignant sans cesse de sa base, va toujours diminuant en nombre. Pour protéger ses communications, elle laisse en effet derrière elle une partie de son effectif, et s'affaiblit tellement qu'elle finit par être trop faible pour frapper des coups décisifs. Dans ces conditions, nous arriverons certainement à Mexico, parce que, de la mer à cette ville, la distance n'est pas très-grande ; mais qu'ensuite nous voulions rayonner sur les provinces éloignées du Mexique pour y faire sentir notre action, et nous sommes condamnés à échouer, quelle que soit la valeur de nos soldats. Les causes physiques et l'immensité des distances nous arrêteront, comme elles ont arrêté les Espagnols luttant contre leur colonie révoltée.

Nous irons à Mexico ; nous nous rendrons maîtres des côtes et de la capitale du pays, ni plus ni moins. Je doute qu'alors nous ayons le Mexique. Mais enfin, je veux bien accorder qu'une fois dans leur capitale nous verrons les Mexicains, soumis, se prêter à nos volontés. Qu'en ferons-nous ?

La majorité des habitants du Mexique se compose d'Indiens

ou de métis plus ou moins civilisés ; les créoles blancs ne forment que la minorité de la population. Ce peuple bigarré et mélangé, vit depuis soixante ans dans le plus grand désordre politique et dans le plus complet état d'anarchie. Depuis le commencement de ce siècle, ce ne sont, au Mexique, que guerres civiles et intestines, révolutions, révoltes, *pronunciamentos*, soulèvements, massacres, fusillades, trahisons, pillages ; luttes de races, luttes de couleurs, luttes de partis, luttes d'opinions. Depuis vingt-cinq ans, c'est toujours Santa-Anna ou tout autre qui arrive, qui s'en va, qui revient, qui repart, pour retourner encore ; qui jure, qui se parjure, toujours sans fin et sans espoir d'amélioration. J'avoue franchement que je n'ai pas assez bonne opinion de la nature humaine pour croire à la possibilité de civiliser en un clin d'œil les Mexicains et de rétablir promptement l'ordre parmi eux ; et, si le besoin de civiliser quelqu'un à tout prix possède le baron Jérôme David et ses amis, je les engage à commencer leur œuvre humanitaire par la France, où les millions engloutis au Mexique produiraient les meilleurs résultats, dépensés en Auvergne et en Bretagne à enseigner la lecture et la langue française aux habitants de ces provinces de notre belle patrie.

Je crois, en résumé, que c'est une faute qu'on a commise de marcher sur Mexico pour obtenir le remboursement de quelques créances et la satisfaction de quelques torts. Cependant notre honneur est maintenant engagé, et, quoi qu'il arrive et qu'il puisse en coûter, nous devons avant tout planter notre drapeau sur la capitale de l'ennemi ; mais, une fois à Mexico et le redressement de nos torts obtenus, quittons au plus vite cette galère pour retourner en France, et abandonnons les Mexicains à leur bon ou à leur mauvais génie.

Voilà la ligne de conduite que les députés qui vont être élus doivent réclamer du gouvernement, pour mettre fin le plus tôt possible à cette désagréable question du Mexique.

VII

J'ai déjà exposé qu'il fallait envoyer, avant tout, au Corps législatif, des hommes indépendants de l'administration, pour que cette Assemblée pût prendre sur la marche des affaires publiques l'influence à laquelle elle doit légitimement prétendre. Je sens le besoin de revenir et d'insister de nouveau sur cet important sujet, après avoir traité les deux plus graves questions qui puissent aujourd'hui préoccuper le pays, celle des finances et celle du Mexique.

Je l'ai déjà dit, quels que soient les hommes placés à la tête de l'État, il est inutile d'espérer que le mouvement d'arrêt dans les grandes entreprises et que les réductions dans les dépenses puissent venir d'eux. Le pouvoir exécutif, l'État, partout et toujours, est animé d'un besoin excessif et quelquefois désordonné d'agir, de créer, et, comme conséquence, de dépenser outre mesure. Plus les hommes qui sont à la tête de l'État sont grands et hautement doués par la nature, plus ils s'abandonneront à cette ligne de conduite. Pour certaines natures le besoin de l'action, de la création, est le premier de tous les besoins, est une passion dominante. Un peuple ne meurt pas, il n'est jamais pressé de se lancer dans de grandes et périlleuses entreprises, il sait qu'elles viendront toutes seules, qu'il sera temps de s'y engager quand il ne pourra être fait autrement. Mais pour l'homme, pour le prince qui dirige l'État, il n'en est point ainsi. Sa vie est courte, il sait qu'elle est fragile et peut à chaque instant finir ; il veut donc la remplir le plus vite possible, bâtir, faire des guerres, fonder des colonies, le tout à la fois et d'une manière souvent précipitée. Plus le prince est grand, plus son intelligence, ses talents sont hors ligne, et plus cette propension sera chez lui développée, plus le peuple qu'il gouverne doit, tout en lui laissant sa part de pouvoir légitime, opposer, pour le bien commun, un frein à l'excès d'action et au besoin de dépenses qui l'anime. Ce sont là des vérités également applicables à tous les temps et à tous les pays, et qui sont aussi vraies aujourd'hui qu'elles ont pu l'être autrefois.

Tout ce qui fait partie du pouvoir exécutif d'un grand pays a également, sur certaines questions, des tendances naturelles et pour ainsi dire innées. L'armée, la marine, deux forces puissantes, laissées à elles-mêmes, ne peuvent vouloir que la guerre et des expéditions lointaines. Tous les hommes à la tête d'un gouvernement, tous les fonctionnaires d'un État, ont également cette propension à se laisser aller vers les grandes entreprises. L'intérêt des habitants du pays est souvent tout autre, car pour eux de grandes entreprises se traduisent toujours en impôts à payer et en hommes à fournir. Les hommes placés à la tête du gouvernement et les populations du pays, n'ont des intérêts communs et des vues identiques, lorsqu'il s'agit de guerres ou d'expéditions lointaines, qu'autant que les entreprises de ce genre sont nécessaires pour sauvegarder l'honneur et la grandeur du pays. Mais, les entreprises nécessaires accomplies, il y en a d'autres qui ne le sont point et que l'on peut tenter ou non, suivant qu'on le juge convenable. Il est probable, dans ce cas, que le chef et les grands fonctionnaires de l'État seront pour les faire ; le pays, représenté par le Corps législatif, pour ne pas s'y engager. Le pouvoir exécutif ne verra que la gloire qui peut en découler, sans s'inquiéter des dépenses, puisant à pleines mains, comme il le fait, dans les coffres publics ; le pouvoir législatif, qui représente les contribuables, ne sera au contraire frappé que des frais qu'entraînent de pareilles entreprises, et il n'en calculera que les chances aléatoires. S'il y a débat entre les deux pouvoirs, c'est celui qui aura les meilleures et les plus puissantes raisons à donner en sa faveur qui l'emportera. Mais que le pouvoir exécutif exerce une action prépondérante sur la marche des affaires publiques, qu'il possède un ascendant irrésistible sur la législature par l'influence qu'il aura conquise sur ses membres, en leur prêtant sa protection dans les luttes électorales, et il est à craindre que la pression de l'État, poussant quand même à toutes sortes d'entreprises, ne soit trop forte, comparée à la puissance de résistance du Corps législatif. Il est à craindre, dans ce cas, que l'État n'entreprenne au delà des forces d'une nation et n'arrive à la fin à en compromettre les ressources.

Je ne prétends pas que nous soyons parvenus à un pareil état de choses, mais on peut dire cependant que nous sommes arrivés sur les limites qui y conduisent, et qu'il est urgent de ne plus faire un pas dans cette voie. Avec l'Algérie, Rome, la Cochinchine et le Mexique, occupés par nos armées, qui peut nier qu'une nouvelle guerre lointaine ne viendrait réduire sérieusement nos forces militaires, en les éparpillant au loin ou au delà des mers ? Avec une augmentation considérable de la dette consolidée, une dette flottante s'élevant à plus de 850 millions, une foule de ressources extraordinaires et spéciales absorbées et de nouveaux impôts établis, sans que, dans le budget de 1862, 2 milliards 169 millions de recettes aient pu couvrir le chiffre des dépenses, qui peut nier que la plus légère augmentation intempestive de nos charges ne compromettrait enfin tout à fait la fortune publique ?

Dans ce moment, les deux questions qui doivent préoccuper le plus le pays, sont la guerre du Mexique et l'état de nos finances. Pour que les véritables intérêts du pays aient sur la solution de ces questions l'influence prépondérante à laquelle ils ont droit, il faut absolument que ses mandataires puissent exercer sur le pouvoir exécutif un sérieux contrôle. Je crois qu'ils ne le pourront que s'ils sont indépendants de ce même pouvoir. Pour parler au nom du seul intérêt des électeurs, il faut en effet qu'ils n'aient point à craindre le mécontement du ministre ou du préfet qui aura contribué au succès de leur nomination. Ce n'est donc qu'autant qu'ils seront indépendants de l'administration, que les députés pourront se faire l'écho des sentiments de leurs électeurs, quand ces derniers se trouveront sur certaines questions différer de tendances avec elle.

Aux élections prochaines, en vue toujours de ces deux questions du Mexique et des finances, la seule préoccupation des électeurs doit donc être de fixer leur choix sur des *candidats indépendants de l'administration.*

FIN.